8

LN27

42102

DÉPOT LÉGAL
Alpes Maritimes
N° 79
1897

ALLOCUTION

Prononcée par Monseigneur **BALAÏN**, Évêque de Nice

à Notre-Dame, le 9 novembre 1893

A L'OCCASION D'UN SERVICE FUNÈBRE POUR LE MARÉCHAL DE MAC-MAHON

———— ⸸ ————

Messieurs et mes Frères,

Je ne voudrais pas ajouter à la longueur de cette belle cérémonie ; je crois cependant devoir dire quelques mots avant de faire monter vers le ciel pour l'âme du maréchal de Mac-Mahon les chants et les prières de l'absoute.

La Religion et le Patriotisme se sont donné rendez-vous, ce matin, dans cette enceinte. En voyant les autorités civiles et militaires, les nombreux représentants des diverses administrations et des diverses classes de la Société, rangés autour de ce catafalque, dans une attitude si respectueuse et si recueillie, je pense au spectacle admirable que présentèrent, il y a 18 jours, les funérailles du maréchal de Mac-Mahon, duc de Magenta, ancien président de la République Française.

Quel est le français qui ne s'est pas senti profondément ému à la vue ou au récit de cette incomparable manifestation, partie de la Madeleine et qui s'est terminée aux Invalides. Paris s'est montré ce jour-là, dans le calme et dans l'éclat d'une dignité parfaite et dans la plénitude de son patriotisme. Le Gouvernement s'est grandement honoré lui-même en décernant des funérailles nationales et religieuses à ce grand et vaillant soldat qui a consacré sa vie à servir, à glorifier la France, sa patrie bien-aimée, qui l'a servie et glorifiée avec tant de bravoure et de succès, avec tant de loyauté et de désintéressement. Tout ce que la Capitale compte d'illustrations, de Sociétés, de partis divers, a voulu concourir, dans une union ravissante, à ce que nous pouvons appeler le dernier triomphe ou les obsèques triomphales du Maréchal. Que c'était beau !

Les officiers de la marine Russe ont demandé que l'on fit trêve aux fêtes splendides et enthousiastes que Paris leur prodiguait, pour payer avec nous leur tribut d'admiration, de regrets et de prières à ce glorieux représentant de l'armée et de la France. Qu'ils soient bénis pour la part toute fraternelle qu'ils ont prise à nos tristesses et à la cérémonie funèbre ! Nous aimions à les voir sur le sol français accueillis et salués partout avec tant de spontanéité et d'amour. Nous aimions ces cris mille et mille fois répétés de : vive la Russie, vive le Czar, vive la France ! Nous aimions entendre ces nobles officiers répondre à nos acclamations par des acclamations aussi vibrantes de sympathie et de gratitude.

Ah ! c'est que nous voyions avec confiance et avec bonheur, grâce à cette union et à ces fêtes, nous voyions le drapeau de la paix flotter sur l'Europe, sur les Alpes et sur le Rhin. Mais, vous le dirai-je ? mes Frères, j'aaimé peut-être davantage nos visiteurs quand je les ai vus s'associer publiquement, officiellement et de tout cœur au deuil de la France. Et nous savons qu'en rendant avec nous les derniers devoirs au Maréchal, ils n'obéissaient pas seulement à leurs inspirations personnelles, mais qu'ils se conformaient à la volonté du Czar. Messieurs et mes Frères, laissez-moi, sans oublier le douloureux sentiment qui nous assemble, le Maréchal m'approuve, j'en suis sûr, laissez-moi envoyer d'ici, en votre nom et au mien, à ces chers marins, à ces frères, à ce grand et religieux Empereur, ami de la France, le plus respectueux, le plus profond, le plus cordial merci.

A la mort du maréchal de Mac-Mahon, l'Angleterre s'est souvenue de Malakoff ; l'Italie de Magenta. C'est bien. L'empereur d'Allemagne a voulu, lui aussi, rendre hommage à un adversaire qui fut peut-être aussi grand dans la défaite qu'il l'avait été dans ses victoires.

Mais quelle a donc été la vie de celui dont la mort a provoqué de si beaux témoignages de respect et qui est l'objet de si unanimes regrets ? Demandons-le à ceux qui ont combattu avec lui ou sous ses ordres en Algérie, en Crimée, en Italie, et en 1870. Ils nous diront, mieux que je ne saurais le dire moi-même, tout ce qu'il y avait en lui de bravoure chevaleresque, d'intelligence, d'élan, d'oubli de soi, de mépris de la mort, d'amour pour le drapeau, de dévouement pour sa patrie, de tendre sollicitude pour le soldat. Ils nous diront que le maréchal de Mac-Mahon était vraiment le type du soldat et de l'officier français. Il était par dessus tout l'homme du devoir et de l'honneur. Aussi, lorsqu'on a descendu son cercueil dans le caveau de l'église des Invalides, et qu'il a pris place à côté de tant d'autres illustres serviteurs de la France, il me semble que tous ces généraux, tous ces maréchaux se sont levés devant leur vieux frère d'armes, fiers de le saluer comme le plus digne continuateur de leur patriotisme et de leur bravoure.

La religion a mêlé ses regrets à ceux de la patrie, et elle y a ajouté ses meilleures prières pour le chrétien dont elle est justement fière. Je suis sûr que ces prières de l'Église, sa mère, auront été particulièrement douces et chères à l'âme du Maréchal, au-delà de la tombe ; car le Maréchal était chrétien. Dans sa famille, à l'armée, au milieu des combats, durant sa présidence, et dans sa retraite, partout et toujours il a franchement affirmé sa foi religieuse. Et vous avouerez, mes Frères que cette loyale fidélité à son Dieu ne le diminue point. On éprouvait même pour lui un respect plus profond lorsque, pendant ces dernières années, on le voyait dans l'église de Sainte-Clotilde, s'agenouillant à la sainte table, pour faire la sainte communion avec les simples fidèles. C'est pour rendre hommage à sa foi chrétienne et à ses vertus, autant que pour ses longs et loyaux services, que l'on célèbre dans la plupart des villes de France, pour le repos de son âme, des offices solennels.

Nice ne pouvait se dispenser de payer un tribut particulier à celui qui a contribué, dans une large part, à la rendre française. En effet, n'est-ce pas pour reconnaître nos immenses sacrifices d'or et de sang, et les services exceptionnels rendus par nos armées, dans la campagne d'Italie, en 1859, que Victor-Emmanuel a son gouvernement invitèrent, engagèrent publiquement les habitants du comté de Nice à opter pour la nationalité française ? Non, la ville de Nice ne pouvait oublier le duc de Magenta.

Je félicite et je remercie le Comité de la *Croix-Rouge* de son initiative. Vous voyez, Messieurs, comme on a bien répondu à votre appel. Il vous appartenait de provoquer cette grande manifestation patriotique et chrétienne. Le Maréchal avait accepté la présidence de votre œuvre, cette œuvre si belle et si française. Il s'y était dévoué de cœur et d'âme, bien secondé, disons-le, par les Comités particuliers et par leurs présidents ; secondé aussi d'une manière plus incessante peut-être et plus parfaite encore par cette femme si distinguée et si généreuse dont je n'ai pas besoin de dire le nom, vous la nommez tous avec un profond respect et avec une reconnaissante admiration. Oui, le Maréchal et madame la Maréchale de Mac-Mahon ont bien mérité de l'armée et de la France, en travaillant avec tant de cœur et de succès au soulagement de nos soldats blessés et malades. Combien le Maréchal était heureux de servir encore ainsi son pays ! Il l'a servi jusqu'à son dernier soupir. Que les familles de nos soldats, dans toute la France, bénissent sa mémoire avec nous et qu'elles prient pour lui !

Et vous, Messieurs, du Comité de la *Croix-Rouge*, après avoir payé ce juste tribut de reconnaissance et de pieux regrets à votre chef et votre modèle, vous continuerez à vous inspirer de son exemple : *Defunctus adhuc loquitur;* vous continuerez à vous consacrer avec la même générosité et le même zèle, à une œuvre qui a fait tant de bien, et qui peut être si utile encore. Nos meilleures sympathies vous sont acquises ; car tout ce que vous faites pour nos soldats, vous le faites pour des frères bien aimés ; vous le faites pour la France que nous aimons tous comme une mère. Du haut du ciel où nos prières vont l'introduire, je l'espère, s'il n'y est déjà, le Maréchal vous encouragera encore : *Defunctus adhuc loquitur*, et toujours il vous bénira.

Puisse cette cérémonie si touchante et si patriotique vous donner à tous confiance et courage ; puisse-t-elle vous amener de nouvelles et généreuses sympathies ! Puisse-t-elle attirer les plus abondantes bénédictions de Dieu sur le Maréchal et sur la France ! Amen.

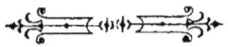

Nice. — Imprimerie J. Ventre et C*ⁱᵉ*, imprimeurs de l'Évêché, place de la Préfecture, 1.

www.ingramcontent.com/pod-product-compliance
Lightning Source LLC
Chambersburg PA
CBHW070530050426
42451CB00013B/2937